ZELFGEMAAKTE ZEEP RECEPTEN:

Natuurlijke Ambachtelijke Zeep

CHERI RYDER

INHOUD

INLEIDING TOT ZELFGEMAAKTE ZEEP EN HET MAKEN VAN ZEEP

Waarom je je eigen zeep zou moeten maken
Veiligheidsrichtlijnen voor het maken van zeep
Methoden voor het maken van zeep
Smelt- en gietmethode
De rebatching- methode
Het hete proces
Het koude proces
Uitrusting kiezen
Ingrediënten voor het maken van zeep
Je zeep versieren

RECEPTEN

Snel en eenvoudig recept voor 4 oliezeep
Olijfoliezeep voor de gevoelige babyhuid
Romig en luxueus zeeprecept
Lavendel Hemel Zeep
Groene thee met eucalyptus en citroengraszeep
Nature's Blend Coffee Soap Recept
Gezonde Klassieke Pijnboomteerzeep
Verwennend recept voor shea en cacaoboter
Pompoenkruidenzeep
Geitenmelk met Gekleurde Glitterzeep
Verfrissende en kalmerende komkommermixzeep
Kokosmelk Zeep
Tea Tree en houtskoolzeep
Klaver en Aloë Zeep
Kokosoliezeep (recept voor beginners)
Lavendel- en geitenmelkzeep
Havermout Zeep
Pittige Citroenzeep
Sinaasappel Zest Zeep
Thee en pepermuntzeep
Franse groene kleizeep

Vanille Zeep
Rozenwater Bloemblaadje Zeep
Zeemodder en cederhoutzeep
Chai Vanille Zeep
Appel Kaneel Winterzeep
Loofa zeep
Yoghurt en Banaan Lijnzaad Zeep
Citroen en Papaver Zeep
Frambozen Zeep

CONCLUSIE

Met deze zelfgemaakte zeeprecepten kun je verschillende geuren en ingrediënten ontdekken om je eigen gepersonaliseerde zepen te maken. Geniet van het zeepproces en de luxueuze resultaten!

INLEIDING NAAR THUIS _ GEMAAKT _ ZOEPS _ EN S OAP MAKEN _

Veel mensen geloven dat thuis zeep maken hun mogelijkheden te boven gaat. De waarheid is echter precies het tegenovergestelde: JE KUNT thuis je eigen zeep maken! Thuis zeep maken is zelfs een enorm lonende ervaring in vergelijking met het kopen van commerciële zeep. Dit boek is bedoeld om u kennis te laten maken met de wereld van "Doe-het-zelf"-zeep en zal u deskundig begeleiden bij het proces van veilig en elegant experimenteren met basisingrediënten om uw eigen zeep te maken in het comfort van uw huis.

Zeep maken is in wezen een wetenschap waarbij de juiste ingrediënten in precieze verhoudingen worden gebruikt. Wees echter niet bang als u geen chemicus van beroep bent, dit boek is op maat gemaakt als beginnersgids. Het legt de chemie van het maken van zeep op een vereenvoudigde manier uit en geeft je gemakkelijk te volgen recepten en instructies. Toch laten we genoeg ruimte voor je creativiteit om te bloeien tijdens het maken van zeep. U zult veilig zijn als u aan dit proces begint, net zoals het rustgevende gevoel dat u zult ervaren wanneer u uw eigen, volledig natuurlijke zeep gebruikt die met zorg en liefde is gemaakt.

WAAROM _ JIJ _ ZOUDEN _ MAKEN _ JIJ O WN S OAP ?

Commercieel verkochte zeep wordt vaak op grote schaal geproduceerd met behulp van kosteneffectieve methoden waarbij chemische wasmiddelen, verharders en andere schadelijke chemicaliën voor de huid worden gebruikt. Dergelijke commerciële zepen kunnen je handen droog maken, omdat ze voorrang geven aan schoonmaken boven het verwennen van de huid. Zelfgemaakte zeep daarentegen is gemaakt met natuurlijke ingrediënten zoals loog en natuurlijke oliën, waardoor je de vrijheid hebt om te bepalen wat erin gaat. U kunt natuurlijke aromatherapie-oliën, glycerine en andere huidvriendelijke ingrediënten toevoegen om uw zeep echt huidvriendelijk en zacht te maken.

Glycerine, een heilzaam aminozuur dat de zachtheid van de huid bevordert, is een natuurlijk bijproduct van het zeepbereidingsproces. De meeste commerciële zeepfabrikanten extraheren echter glycerine om te gebruiken in andere hoogwaardige producten, waardoor de zeep ondanks zijn reinigende eigenschappen hard op de huid blijft. Bij het maken van uw eigen zeep kunt u glycerine behouden of elk gewenst huidvriendelijk element opnemen.

U maakt zich misschien zorgen over het gebruik van loog in zelfgemaakte zeep, uit angst voor de impact op de huid. Tijdens het verzepingsproces reageert loog echter volledig met oliën om zeep te vormen, en laat geen spoor van loog achter als de juiste verhoudingen worden gebruikt.

Een van de grootste voordelen van het maken van je zeep is dat je volledige controle hebt over de ingrediënten. U kunt kiezen voor volledig natuurlijke producten en huidvriendelijke alternatieven voor kleuren gebruiken. Bovendien word je de meester van het zeepmaakproces en bepaal je de textuur, geur, schuim en meer van de zeep. De verhoudingen van loog en gebruikte oliesoorten zorgen voor eindeloze mogelijkheden en spannende experimenten.

Zeep maken kan een transformerende en plezierige activiteit zijn, die stress verlicht en een creatieve uitlaatklep biedt. Het is een kans om verschillende ingrediënten, vormen, kleuren en verpakkingen te ontdekken, waardoor het een perfecte hechtingsactiviteit is. Het maken van je zeep kan je met trots vervullen als je je badkamerplanken ziet versierd met de vruchten van je arbeid.

Naast persoonlijke voldoening kan het maken van zeep ook een bron van inkomsten worden door uw handgemaakte zeep te verkopen, waarmee u uw merk kunt vestigen met uw creatieve inslag. Het zorgt voor een attent en gekoesterd geschenk aan vrienden, familie en dierbaren.

Nu je enthousiast bent om je zeep te gaan maken, laten we ons verdiepen in het proces. Maar laten we er eerst voor zorgen dat er veiligheidsoverwegingen zijn bij het thuis maken van zeep.

S OAP MAKEN _ VEILIGHEID _ RICHTLIJNEN _

Veiligheid moet altijd uw topprioriteit zijn bij het werken met loog en het maken van zeep. Hier zijn enkele essentiële veiligheidsrichtlijnen die u moet volgen:

Onderzoek en begrijp uw ingrediënten: Neem de tijd om elk ingrediënt grondig te onderzoeken en te begrijpen. Vooral loog vereist een zorgvuldige behandeling. Als er een loogoplossing is gemorst, probeer deze dan niet te neutraliseren met azijn. Spoel het in plaats daarvan onmiddellijk af met overtollig water. Als de loog in contact komt met uw ogen, mond of huid, spoel dan met water om letsel te voorkomen.

Volg uw recept precies: chemische reacties bij het maken van zeep zijn afhankelijk van precieze verhoudingen. Gebruik een uitgeprint recept om afleiding door elektronische apparaten te voorkomen bij het hanteren van ingrediënten, met name loog. Investeer in een gevoelige weegschaal om uw ingrediënten nauwkeurig af te wegen.

Bescherm uw ogen: Draag een laboratoriumveiligheidsbril om uw ogen te beschermen tegen mogelijke spatten van loog, ruwe zeep of kleurstofpoeder. Zorg altijd voor water in de buurt in geval van oogcontact.

Verzorg je huid: Bescherm je huid tegen irriterende stoffen zoals loog en ruwe zeep door beschermende handschoenen (latex of rubber) of een schort te dragen. Vermijd blootstelling van uw huid tijdens het maken van zeep.

Ventileer uw kamer: Werk in een goed geventileerde ruimte met open ramen om te zorgen voor frisse luchtcirculatie terwijl u te maken krijgt met chemische reacties en geuren van rauwe zeep.

Wees voorbereid op morsen: Houd een absorptiemiddel in korrelvorm of een universele kit voor morsen van absorberend materiaal in de buurt voor eventueel gemorst materiaal, zoals olie, loog of zeep. Altijd een watervoorziening binnen handbereik.

Gebruik betrouwbare recepten: Zorg ervoor dat u nauwkeurige en betrouwbare recepten heeft. Gebruik geen recepten uit onbetrouwbare bronnen en kies voor vertrouwde recepten, zoals die in dit boek.

Bereid ingrediënten van tevoren voor: zorg dat al uw ingrediënten bij de hand zijn en binnen handbereik voordat u zeep gaat maken om onderbrekingen tijdens het proces te voorkomen.

Werk met een vrije ruimte: zorg voor een schoon en georganiseerd werkgebied om fouten te minimaliseren en ongelukken met rommel te voorkomen.

Registreer resultaten en leer van fouten: houd de resultaten van elke batch bij om eventuele problemen te identificeren en hiervan te leren om toekomstige inspanningen voor het maken van zeep te verbeteren.

Houd huisdieren en kinderen uit de buurt: Zorg voor een veilige werkruimte door huisdieren en kinderen op een veilige afstand te houden tijdens het maken van zeep.

Label gebruiksvoorwerpen die voor loog worden gebruikt: label duidelijk gebruiksvoorwerpen die in contact komen met loog om onbedoeld gebruik bij het bereiden van voedsel te voorkomen.

Onthoud dat u, terwijl u de nodige voorzorgsmaatregelen neemt, uw creativiteit niet mag belemmeren of het plezier van het maken van zeep mag verminderen. Veel plezier met het maken van zeep !

S OAP MAKEN _ M ETHODEN

Daar Zijn veel methoden naar maken zeep, sommige Zijn nogal eenvoudig terwijl anderen Zijn eenkunst; A complex kunst, Maar niet onmogelijk.

M ELT EN GIET M ETHODE

Dit is een van de gemakkelijkst zeep maken processen En bespaart nogal A kavel van tijd. Indit proces, Jij kan gebruik A voorgemaakt zeep baseren Dat heeft ondergaan de verzepingsproces in plaats van tijd te besteden aan het mengen van vetten met een alkali zoals loog, wat tijdrovend kan zijn omdat het meer voorbereidingstijd vereist. A kant-en-klare zeepbasis bevat glycerine en vetzuren evenals andere natuurlijke ingrediënten.

De smelt- en gietmethode is de perfecte keuze als je nog een beginner bent verkennen de arena En zou leuk vinden naar toneelstuk Het veilig. Alle Jij hebben naar Doen is aankoop voorgemaakte vaste zeepbasis in plaats van het helemaal opnieuw te maken en je bent er klaar voor gebruik de zeep eenmaal Het verhardt, Nee onnodig aan het wachten voor A genezing tijd naar doorgang zo eenals met koud proces.

Hoe deze methode werkt:

Ga naar een nabijgelegen kunst- en handwerkwinkel en zoek naar een kant-en-klare zeepbasis. Een van de de beste opties om te kopen zijn de heldere glycerine of witte kant-en-klare zeepbases. Gebruik hiervoor geen stuk zeep, want dat is niet hetzelfde en zal je geven probleem terwijl smeltend.

De volgende stap zou zijn om je vaste, kant-en-klare zeepbasis te smelten. Om dit te versnellen gebruik een geslepen mes om de reep in kleine stukjes van 2,5 cm te snijden. Niet doen zorgen over exacte metingen hier. Het doel is eerder om kleinere stukken te hebben dan een groot brok als kleiner stukken zullen smelten sneller.

Voeg in een magnetron je gesneden stukjes toe aan een magnetronvriendelijke schaal en verwarm voor 30 seconden. Nemen uit de gerecht En roeren jouw gesmolten inhoud Dan opwarmen opnieuw voor nog eens 30 seconden en haal het eruit om opnieuw te roeren. Herhaal deze cyclus van 30 seconden warmte Dan roeren tot Jij gevoel de samenhang van jouw gesmolten zeep baseren als volledig vloeibaar met Nee klontjes of moeilijk brokken in tussen. Dat is wanneer jouw geheel zeep baseren heeft gesmolten. Niet doen oververhitten Het voorbij Dat punt.

Sommige mensen hebben geen magnetron in huis, het is mogelijk deze te vervangen met A pan gevuld met water naar creëren A water bad. Warmte de water En Danneerzetten A glas schaal En laten Het vlot in de heet water. Neerzetten jouw zeep baseren brokken in deglas schaal En horloge Het smelten door de warmte Dat overboekingen van de heet water naarde glazen kom en dus ook de stukken zeepbasis die welsprekend smelten. Niet doen vergeten naar roeren. Verwijderen de schaal van de saus pan wanneer jouw zeep basis heeft volledig gesmolten En niet hebben elk klontjes.

Laat je zeep smelten om af te koelen tot ongeveer 50 graden Celsius. Voeg uw etherische oliën of kleurstof terwijl de smelt nog heet is. Evenzo, laat het niet afkoelen tot de punt van verharding. Voeg 2-3 druppels van de gewenste kleurstof toe, afhankelijk van de kleurintensiteit Jij wens. Als Jij Zijn gebruik makend van A gepoederd verven, oplossen 2-3 theelepels vanjouw gepoederd kleurstof in sommige vloeistof glycerine als Jij kan niet toevoegen de stroom directnaar jouw smelten of anders de kleur wordt niet gelijkmatig verdeeld. Het is altijd prachtig naar toevoegen A prettig geur naar jouw zeep. Voor 1 pond van zeep, Jij kan toevoegen1 eetlepel van geur olie of half A eetlepel van essentieel olie. Maken Zeker Jijgebruik de degenen gelabeld voor zeep maken En niet kaars oliën, naar ervoor zorgen zij Zijnvriendelijk En zacht op jouw huid.

Roer al je toegevoegde kleurstof- en geurdruppels voor de laatste stap. De laatste stap zou zijn om je gekleurde en geparfumeerde smelt in een vorm naar keuze te gieten laat het vervolgens 12-24 uur op natuurlijke wijze afkoelen. Wanneer uw zeep volledig heeft gestold, haal het dan uit de vorm en het is direct klaar voor gebruik. Echter, maken Zeker de randen hebben droog volledig.

D HIJ R EBATCHEN M ETHODE

A vergelijkbaar snel En eenvoudig methode is de rebatteren methode. Als de naam suggereert, Het is vaak gebruikt naar herbatch (maken gebruik van de zeep Jij deed) als daar waren eventuele fouten of als je de vorm van de vorm niet leuk vond of het tijdens het maken verknoeide de ontwerp proces. Jij kan Ook gebruik dit methode als Jij wil naar krijgen A smaak van de zeep maken DIY-ervaring zonder extra apparatuur te kopen. In dat oorzaak, kunt u reeds bestaande zeep gebruiken. Kant-en-klare zeep smelt echter nooit gemakkelijk, Dat is Waarom, hoewel Jij zullen warmte Het als Wij beschreven in de smelten En gietmethode, voeg je een paar eetlepels water, glycerine, enz. toe om het zachter te maken mengen, Dan met warmte resistent handschoenen, Jij zullen toevoegen jouw zeep smelten in A Ziploc tas En kneden Het Dus maken Het naar binnen A papperig textuur.

Net als bij het smelt- en gietproces, kunt u de kleurstof en geur aan uw haar toevoegen meng de rebatching -methode erdoor en laat het stollen. Dit duurt 5-7 dagen terwijl je wacht tot al het water is verdampt. Word niet ongeduldig en gebruik de vriezer. Rebatched zeep heeft niet de meest esthetische look of feel, maar het is wel zo eenvoudig als je kleur en kleur wilt toevoegen geur aan bestaande zeep. Bovendien omzeilt deze methode het nadeel van dingen toevoegen die door loog worden verpest, zoals lavendelknoppen die bruin worden loog. U kunt ook kleuren gebruiken die gevoelig zijn voor de pH van loog die u niet kunt gebruik in de koud proces. Vergelijkbaar is de geval met wezen bekwaam naar gebruik licht geuren met de rebatteren methode welke krijgen gemaskeerd wanneer gebruik in de koud proces.

De voordelen van beide rebatching en smelt- en gietmethoden is dat je dat niet doet te maken hebben met loog, wat door veel mensen wordt gevreesd omdat het een sterke alkali is. Bovendien heb je niet eens veel ingrediënten nodig om mee te beginnen of complex berekeningen En Jij kan onmiddellijk krijgen naar genieten van de zeep eenmaal Het stolt. Echter, op de ander hand, Jij hebben erg klein controle over de rauw ingrediënten gebruikt omdat je begint met iets dat iemand anders heeft gemaakt, doe je dat niet controle alles van kras als met de koud methode. Als Jij zou leuk vinden naar zijnde meester van het experiment en volledig in controle over wat er in je zeep gaat, Dan de koud proces is de best proces voor Jij.

D HIJ HEET _ PROCES _

Dit proces is leuk vinden de koud proces Maar inhoudt gebruik makend van warmte potten En "koken"de zeep liever dan aan het doen Het koud.

D HIJ KOUD _ PROCES _

Houd er rekening mee dat bij het maken van zeep het koude proces het drakenniveau van allemaal is niveaus. Het spel wordt een beetje ingewikkelder, maar maak je geen zorgen hebben uw rug en we zijn hier om u stap voor stap te begeleiden. De beloning hier is dat er onbeperkte mogelijkheden zijn om uw eindproduct qua kleuren , vormen en natuurlijke toevoegingen. Bovendien, jij kan 100% garantie Dat jouw zeep is thuis gemaakt van kras.

Laten we beginnen met de basisingrediënten die je nodig hebt om zeep te maken met behulp van de koud proces:

Loog vlokken En schoon gedestilleerd water

A bron van vet, of dier vet of groente olie

A natuurlijk zeep kleurstof van jouw keuze, of vloeistof of poeder (optioneel Maarvoorkeur)

Zeep pot langs met ander uitrustingen welke Wij zullen bespreken in meer detailsbinnenkort

Geur of een essentieel olie van jouw keuze (optioneel Maar

voorkeur)A gietvorm van jouw gewenst vorm

A schoon omgeving naar werk in En A koel droog plaats naar laten de zeep

genezing inVoor esthetiek bloemblaadjes of exfolieert (optioneel)

A handig recept naar volgen (Wij zullen voorzien Jij met een)

Hoe het Werken:

De essence van de koud zeep maken proces is voorbereidingen treffen loog En A bron van vetEn mengen Het samen

1-Maken de loogoplossing

De eerste stap is het bereiden van de loogoplossing. Voor exacte bedragen zul je moetenrefereren naar jouw gekozen recept.

Gebruik makend van jouw keuken schaal of digitaal schaal, plaats de glas werper En set de schaalnaar nul. Volgende Jij zou zijn toevoegen gedestilleerd water als per aangeduid in jouw recept.Sommige recepten aanwijzen gewicht; daarom Jij zullen plaats de werper op de schaal.

Ander recepten aanwijzen volume; daarom Jij kan gebruik jouw meten beker.

Vervolgens is het tijd om de loog te meten. Doe dit met behulp van uw glazen pot met een strak veilig deksel. Loog is een alkali en is gevaarlijk voor uw huid. Daarom heb je nodig naar hendel Het gebruik makend van handschoenen En terwijl dragen jouw veiligheid stofbril. Als elk loog vlokken vasthouden naar jouw handschoen, verwijderen hen onmiddellijk. Plaats de Metselaar kan En zijn deksel op de weegschaal en zet deze op nul. Voeg de loogvlokken toe tot de schaal de aangeeft gewicht aangegeven in uw gekozen recept. U kunt de Mason-pot vervangen door een plastic werper. Echter, niet doen gebruik dit werper voor iets anders behalve afhandelingloog tijdens jouw zeep maken proces.

Na jouw gewichten Zijn set als per aangeduid in jouw recept, tijd naar mengen hen omhoog.Maar zijn voorzichtig over dit stap. Nemen zorg naar toevoegen de loog naar de water beetje door beetje Engiet het water niet in de loog. Begin voorzichtig met het toevoegen van je loogvlokken aan de kruik water bevatten. Voeg het beetje bij beetje toe van dichtbij maar op veilige afstand om te vermijden spatten. Roer het mengsel voorzichtig en langzaam om de loog op de juiste manier op te lossen, opnieuw zonder spatten. Als de twee Reageer, Jij zullen begin naar horen bruisend klinkt ofwarmte voelen, wat normaal is. Laat de oplossing uw huid niet rechtstreeks aanraken. Houden je bril en handschoenen aan. Was het item waarmee je hebt geroerd onmiddellijk na roeren. Vergeet niet uw kruik met uw nieuw gemengde te bedekken loog water En laten Het schikken voor sommige tijd. Maken Zeker Het is gebonden veilig En geplaatst op een veilige plaats uit de buurt van huisdieren of kinderen . Voorzichtigheid is altijd geboden rondom loog of loog water.

2-voorbereidingen treffen de oliën

Krijgen jouw handig schaal opnieuw omdat Wij zullen wegen uit jouw gekozen olie als per derecept, met dezelfde methode als het toevoegen van de zeeppot of een glazen kan op de schaal En instelling Het naar nul. Het is voorkeur naar gebruik de zeep pot naar wegen stevig oliën zo een als cacao boter terwijl gebruik makend van de glas werper voor vloeistof olie zo een als olijf olie. Langzaam toevoegen de olie naar jouw container tot de schaal hits de gewenst gewicht.

Voorbeelden van stevig vet bronnen: Cacao boter, kokosnoot of palm

Voorbeelden van vloeistof vet bronnen: Castor olie, koolzaad olie, olijf olie, zonnebloem olie

Als u een vaste olie gebruikt, smelt deze dan eerst in een sauspan . Dit verkort de stap voor u omdat u de door u gekozen olie toch moet verwarmen. De olie moet opwarmen geleidelijk, Dus toepassen medium warmte En roeren voorzichtig. Jij behoefte naar horloge de temperatuur van uw olie met behulp van de thermometer en zet het vuur uit wanneer het bereikt over 110 F. Echter, Jij kan niet toevoegen Het zojuist nog naar de loog water mengsel De olietemperatuur moet dalen tot 100 F voordat het kan worden gemengd met de loogwater. Als Jij Zijn gebruik makend van stevig olie, maken Zeker alle de stevig olie heeft komen naar A smelten. Alsje recept geeft een mengsel aan van vaste en vloeibare oliën, voeg daarna de vloeibare oliën toe alle vaste vetten smelten. Houd uw temperatuur echter opnieuw in de gaten, want dit zal gebeuren verlaag de temperatuur van het totale oliemengsel. Vergeet niet dat je het nodig hebt rondom 100 F wanneer Jij mengen Het met de loog water.

3-Voeg het loogwater toe naar de oliebasis

Als je deze twee eenmaal hebt gemengd, zal de verzepingsreactie onmiddellijk zijn en de mengsel wordt troebel, wat wijst op een chemische reactie waarbij de loog en olie reageren in aanwezigheid van hitte om zeep te maken. De loog is niet langer chemisch loog daarom is handgemaakte zeep veilig voor de huid, het bevat namelijk geen loog meer omgezet in zeep toen het gemengd met de hete olie. Want vanaf hier op de proces zullen gebeuren snel, Jij behoefte naar hebben jouw gewenst toevoegingen op stand-by, voor voorbeeld jouw geur flessen, essentieel oliën, verven, spatels, *enz.*

Voorzichtig toevoegen de loog mengsel naar de heet olie in de zeep pot. Jij zullen kennisgeving A kleurwijziging En Dat de mengsel zullen begin naar zijn bewolkt. Roeren voorzichtig, bij voorkeur met A stok blender, hoewel, houden Het gedraaid uit bij dit punt. Na Jij hebben gegoten in al je loogwatermengsel, bewaar de glazen kan die het bevatte op een veilige plek voorlopig totdat je het later veilig schoonmaakt. Nu moet je blijven met jouw nieuw mengsel.

Als Jij Zijn gebruik makend van A stok blender, draai Het op nu En laten Het mengen de mengsel in kort barst van A weinig seconden En herhalen tot Jij gevoel Dat beide jouw loog water En olie hebben volledig gemengd tot Jij bereik spoor. Spoor is bereikt wanneer de mengsel is geëmulgeerd, wat betekent dat als het mengsel later wordt achtergelaten, het steeds zal worden dikker En dikker met tijd als deel van de proces.

Hoe Weet als Jij Hebben bereikt Spoor Punt?

De staafmixer heeft het proces van verzeping aanzienlijk versneld en het bereiken van sporen duurt seconden in vergelijking met uren bij regelmatig roeren. Als jouw mengsel nog steeds heeft glinsterend olieachtig vloeibaar drijvend tussen slagen, Dan alle de olie heeft niet gemengd volledig met jouw loog water nog. Jij zullen bereik spoor wanneer de romige consistentie begint iets dikker te worden en heeft een uniforme consistentie in plaats van van hebben beide dik En olieachtig consistenties.

Waarom is het belangrijk om Trace Point te bereiken?

Om vele redenen is de belangrijkste daarvan dat sinds het traceerpunt het punt is waar alle de mengsel heeft geëmulgeerd En werd zeep deeltjes in plaats van van olie En loog, dat betekent dat het mengsel wordt gegoten voordat sporen worden verkregen onvolledige zeep. Dit zal leiden tot vervormde zeep of onvolledig gevormde zeep. Bovendien heb je nog steeds loogdeeltjes in je zeep, wat erg zal zijn schadelijk naar jouw huid. Daarom, Jij behoefte naar houden roeren tot Jij hebben A denken cake-achtig beslag samenhang met Nee glinsterend olie strepen. Dit mengsel zullen Ook gemakkelijk in een vorm te gieten zijn en een uniforme consistentie hebben, zul je niet vinden olie druipend van de beslag

Het is veilig om je kleurstof en geur toe te voegen in de lichte sporenstap voor de dikke medium trace-stap begint. Medium trace heeft een dikkere consistentie dan light spoor, dat lijkt op dat van een puddingconsistentie. Je kunt het testen door te druppelen een deel van het beslag uit de blender en er zullen zichtbare zeepstrepen op de het oppervlak van het mengsel zoals chocoladestrepen op een cake. Dit is het meest geschikt tijd naar toevoegen jouw natuurlijk moeilijk toevoegingen zo een als bladeren, scrubben, bloemblaadjes, *enz.*

De uiteindelijke sporenconsistentie is die welke lijkt op een dik puddingbeslag. Dat is de sporenconsistentie die zich aanpast aan zijn vorm wanneer hij in een mal wordt gegoten en dat is wat je wilt. Om dit sporenstadium te bereiken, moet je blijven roeren met de staafmixer. Als je zeepglazuur wilt maken, moet je dat doen verdik uw spoor extreem om zeepconsistentie te krijgen voor glazuur of decoratief doeleinden.

Houd rekening met een zeer belangrijk vals spoorteken. Wanneer u een vast spoor gebruikt, als het heeft niet geweest diepgaand gesmolten En verwarming, Het kan gemakkelijk koel tijdens de mengen verwerken en het valse gevoel geven van een verhardend mengsel, terwijl dat in feite niet het geval is verharding door verzeping, maar door verharding van het vaste vet. Voor Dat reden, maken Zeker naar adequaat warmte Het.

Factoren Dat kan de traceerconsistentie beïnvloeden

Het lijdt geen twijfel dat het gebruik van een stok ervoor zorgt dat je een medium en dik bereikt samenhang spoor sneller dan roeren door hand. Als Jij zou leuk vinden naar geven jouw kleurstof en geur enige tijd om te mengen, overweeg om met de hand te roeren met een spatel wanneer Jij bereik dun spoor samenhang.

Sommige geuren En toevoegingen zo een als klei snelheid omhoog de spoor proces En maken je mengsel wordt snel dikker. Houd rekening met dergelijke toevoegingen en de timing en methode van roeren. Het is voorkeur naar schakelaar naar handmatig roeren na toevoegen een geur.

4-toevoegen uw persoonlijke touch aan het beslag

Nadat je de gewenste staat hebt bereikt en voordat het te dik is, kun je nu toevoegen uw gekozen geur, essentiële oliën en additieven zoals kruiden, bloemblaadjes of natuurlijk exfolianten . Dan voorzichtig roeren En maken Zeker jouw toevoegingen Zijn diepgaand gemengd door het beslag. We bespreken enkele voorbeelden van exfolianten en essentieel oliën.

Kleuring jouw Zeep

Een van de mooiste aspecten van zelf zeep maken is dat het kan kiezen de kleur van jouw zeep. Jij kan hebben jouw kleur als een stevig kleur voor de hele balk of je kunt creatief worden met kleurstrepen . Als je een eenvoudig gekleurd stuk zeep, voeg de gewenste kleurstof toe , enkele druppels of ½ thee lepel in het beslag. Zorg ervoor dat het zeepverf is en geen kaarsverf. Je kan toevoegenmeer kleurstof om de kleurintensiteit van de zeep te verhogen, maar overdrijf het niet . Roeren Goed naar gelijkmatig distribueren de kleur .

Als Jij wil naar poging creatief methoden zo een als de streep methode, krijgen over half Abeker of A beker van jouw zeep afzonderlijk in jouw meten beker En toevoegen de kleurstof naar HetEn mengen diepgaand. Neerzetten de rest van jouw zeep beslag in jouw gewenst gietvorm En voorzichtig giet jouw gekleurd mengsel naar de hoek van de gietvorm. Gebruik makend van A houten ofrubber spatel, begin trekken gekleurd strepen van de gekleurd hoek naar ontwerphet zeepbeslag dat weg van de hoek in de mal ligt. Je kunt wervelen rond de kleur om het gewenste patroon te creëren, maar overdrijf het niet zodat jemengkleur niet met het hele mengsel. Je kunt een Lazy Susan gebruiken om het te proberenwervelende technieken. Het mooie van deze stap is dat je heel creatief kunt worden met kleur ontwerpen En patronen of zelfs kleur combinaties van jouw keuze.

Giet je mengsel in een gietvorm

Je mengsel is nu klaar om in de gewenste vorm te worden gegoten . Zoals jij zou gelijkmatig giet A taart mengen naar binnen A gietvorm, Doen Dus met jouw zeep beslag. A handigrubberen spatel zal u helpen om de rest van het zeepbeslag in uw zeep af te schrapen pot en in de mal. Schud ten slotte de vorm zachtjes om de vulling gelijkmatig te verdelen zeepbeslag in je mal om een uniforme reep te krijgen. Om een stuk zeep met een gladde laag te krijgen oppervlak, je moet het oppervlak van het mengsel gladstrijken en egaliseren met de rug van A lepel of met A rubber spatel.

Soms hoopten zich tijdens het gieten luchtbellen op in uw mengsel stap. Jij zullen behoefte naar krijgen ontdoen van die. Voorzichtig kraan jouw gietvorm tegen de keuken bovenkant naar uitgave elk bubbels. Eindelijk, vertrekken jouw zeep naar genezing in A warm En A veiligplaats.

Nu Het is tijd naar vertrekken jouw gietvorm voor over 24 uur naar verharden. Na dit periodevan tijd , Het zou zijn klaar naar nemen Het uit van de gietvorm En plak Het naar binnen aanvaardbaarmaat staven. Het is best naar houden die staven naar genezing voor 4 weken voor gebruik makend van Het hoewelhet is veilig om meteen te gebruiken. Vergeet ondertussen niet al het materiaal af te wassen je gebruikte heel goed met heet water en zeep terwijl je nog steeds je handschoenen droeg enstofbril.

KIEZEN _ UITRUSTING _

Bril en Rubber handschoenen

Veiligheid is altijd Eerst. Jij kan niet overslaan deze essentieel artikelen van apparatuur bij alle. Maken Zeker Jij dragen beschermend handschoenen voor jouw handen En beschermend oog stofbrilter bescherming van de ogen tegen de irriterende loogoplossing en tijdens het mengen zeep.

Spatels en lepels voor roeren

Jij zullen behoefte rubber degenen voor schrapen uit de laatst stukjes van mengen van de zeep pot. Je hebt ook houten nodig om te roeren. Plastic zou ook kunnen werken maar maken Zeker Het is warmte resistent naar weerstaan de warmte uitgezonden wanneer de verzeping reactie neemt plaats.

Een digitale weegschaal of een keukenweegschaal om te meten en te metenkopjes

Nauwkeurige meting van ingrediënten is de sleutel tot het spijkeren van het zeeprecept met succes. Jij behoefte A gevoelig schaal naar nauwkeurig meeteenheid de gewicht van loog, gedestilleerd water, oliën En zelfs kleurstof poeder.

Zeep Pot

U kunt grote potten van roestvrij staal of plastic gebruiken. Het is beter om zo grote potten te hebbendat je alles in één keer mixt, in plaats van kleinere batches te maken. Dit is de pot Jij zullen gebruik voor mengen jouw zeep.

Thermometer

Jij behoefte naar zijn bekwaam naar snel En nauwkeurig meeteenheid de temperatuur van oliënEn de loog water

Gietvorm

Het proces van het maken van zeep is niet compleet zonder je mengsel in een emmer te gieten gietvorm. Jij kan aankoop A specifiek zeep gietvorm of Jij kan gebruik elk huis oud itemDat past bij de doel zo een als een oud yoghurt containers of plastic containers.

Stok Blender

Om het verzepingsproces te starten en het spoor te bereiken, heb je een staafmixer nodigdat zal het verzepingsproces versnellen. Je kunt met de hand roeren, maar dat zou nemen uur.

Meten Bekers

Je hebt verschillende bakjes nodig om je ingrediënten vooraf af te meten weging hen of voor meten jouw kleurstof En geur.

Glas werper

Dit is voor het mengen van loog; het heeft de voorkeur om het "Gevaarlijk" te noemen om voorzichtigheid aan te geven en om ervoor te zorgen dat mensen er vanaf blijven. Misschien heb je er nog een nodig om in te wegen En warmte jouw olie in.

Aanvullend

Jij kunnen behoefte professioneel zeep snijders naar snee uit de staven. Jij kunnen Ook behoeftepostzegels voor decoratief doeleinden of voor professioneel labelen.

S OAP MAKEN _ IK INGREDIËNTEN

Loog

Het is natrium hydroxide, een alkali substantie gebruikt in oven schoonmakers *enz*. Het is bijtenden zeer irriterend, maar het is van cruciaal belang voor het verzepingsproces. Loog kan het gevolg zijn van de witte as van extreem verbrand hout bij zeer hoge temperaturen. Het is gebruikt in ontstoppers. Koop geen ontstoppers voor het maken van zeep proces. Koop de ruwe loog. Zorg ervoor dat u 100% loog koopt. Om een puur te garanderen Product, kopen Het direct van de fabrikant.

Oliën

Het type olie beïnvloedt de hardheid en het schuim van de zeep. De combinatie van oliën Jij koos voor de zeep kan zijn geoptimaliseerd naar bereiken de hardheid of zachtheidJij wil.

Kokosnoot Olie- Moeilijk, veel van schuim, maakt de zeep drogen. Toevoegen meer vet naar verzachten de zeep, hoewel Het geeft Goed samenhang.

Palmolie - Hard, maakt een duurzame reep. Mild schuim. Prima alternatief voor dier vet.

Olijf olie- Zacht, laag reiniging Effecten, En aanbiedingen A glad schuim. Castilië zeep is 100% olijfolie. Het is geschikt voor de gevoelige huid. Duurt langer om te genezen en verharden. Het is beter naar gebruik extra maagd olie.

Vet- Moeilijk, heeft A romig schuim. 100% vet kan zijn A Geweldig de was zeep.

Cacaoboter - broze en duurzame reep. Romig schuim. **Shea**

Boter- Moeilijk, medium romig schuim, langdurig bar.

Castor olie- Verbetert de schuim door verbeteren zeep

oplosbaarheid. Ander opties-Avocado olie, amandel olie,

palm pit olie.

Geuren En Essentiële oliën

Geur olie is A mengsel van natuurlijk En synthetisch, voorzichtig blended na veel van beproevingen naar voorzien een verleidelijk En boeiend geur. Veel van hen Zijn verdund En verdund naar hebben de parfum/geur kwaliteit. Daar Zijn veilig zeep geur oliën Dat Zijn veilig naar jouw huid Maar maken Zeker Het is ontworpen voor zeep naar ervoor zorgen zijn veiligheid.

Essentiële oliën zijn natuurlijk en gemaakt van planten door de essentie van de olie vast te leggen plant. De olie kan afhankelijk van de plant uit verschillende delen van de plant worden gehaald plant. Het kunnen zaden of bladeren zijn. Geuren en etherische oliën zijn geweldig toevoeging naar jouw Product. Experiment met verschillend oliën. Sommige recepten gids Jij welke oliën naar gebruik. Jij kan gebruik of of A mengen van beide.

Kruiden, Wortels, bloemen, bloemblaadjes, Vruchten

Sommige recepten maken gebruik van kruiden zo een als thee, lavendel of zelfs koffie bonen. Houden je geest staat open voor nieuwe variaties. U kunt fruit in blokjes snijden, zoals pompoenen of rooster komkommer Pel naar toevoegen A mooi aanraken.

Kleurstoffen

Het is een prachtige toevoeging om kleur aan je zeep toe te voegen. Lavendel ruikende zeep kan paars worden gekleurd om het mentale beeld te complimenteren. Sommige recepten bieden natuurlijk kleuren leuk vinden komkommer doordrenkt recepten.

D ECORATEREND JOUW S OAP

Je kunt heel creatief worden met je zeep, te beginnen met het kiezen van de vorm van de zeepmal of maak je eigen mal. Een andere geweldige methode zou zijn om de zeep of gebruik bepaalde verdelers op een manier die nieuwe ontwerpen creëert. De kneedbaarheid van zeep toelaat Jij naar maken Het naar binnen elk vorm Jij wens gemakkelijk. Jij kan zelfs snee de zeep in kleine hartvormige stukjes en doe ze in een potje met een leuk briefje of vorm Het als koekjes of iets Jij letterlijk wil.

Kleuren is een ander geweldig ding om creatief mee te zijn bij het ontwerpen. Jij kan creëren meester stukken En kleur combinaties. Het is A Geweldig idee naar hebben inspiratie op Hoe naar ontwerp jouw zeep.

U kunt de rand van de lepel ook gebruiken om patronen in de zeep te graveren, invoegen bloemblaadjes, steentjes, glitter, kruiden, geheime boodschap binnen in. Letterlijk alles wat jij wil. Bepaalde bloemblaadjes kunnen een luxueus tintje aan je zeep geven. Het is echt aan jouw creativiteit. Jij kan Ook kopen A stempel Dat maakt schattig vormen op de oppervlak van de zeep of graveert jouw handelsmerk.

De verpakking van de zeep zelf is een belangrijke factor in hoe professioneel en aantrekkelijk jouw zeep ziet eruit. Maken Zeker de zeep randen Zijn snee netjes En soepel als gelijkmatig. Investeer in een aantal creatieve en schattige verpakkingen, maak het persoonlijk En maken Het lief.

RECEPTEN

Raadpleeg de details van het zeepproductieproces in het gedeelte over het koude proces. Echter, hier Zijn de stappen opnieuw voor eenvoud.

Weeg uw ingrediënten met behulp van de weegschaal. Voeg de loog toe aan de kruik die het bevat water (niet andersom) en roer om een loogoplossing te maken. Verwarm de oliën tot 110 F

Voeg de loogoplossing toe aan de olie als ze op 100 F zijn en roer met een stok blender, meng het mengsel in korte uitbarstingen tot je een spoor hebt. Voeg je toe geur of essentieel oliën

Giet je zeepmengsel in de door jou gekozen mal en laat het 12-24 uur uitharden naar stollen Jij kan gebruik de zeep onmiddellijk, Maar Het is beter naar laten Het genezing voor 3-4 weken Niet doen vergeten naar adequaat wassen de apparatuur En gebruiksvoorwerpen gebruikt Gebruik dit methode voor alle de als vervolg op recepten.

Voorbereiden tijd voor alle recepten is ca. 60-120 minuten

SNEL _ EN EENVOUDIG 4 OLIE ZEEP RECEPT

De oliën

7.5 ons olijf olie 6.5 ons palm olie 1.3 ons castor olie 6.5 ons kokosnootolie De Loog Mengsel

3,1 ons loog

8 ons water

Persoonlijk Toevoegingen 1 ons van jouw favoriet geur olie of elk essentieelolie mengen Bloemblaadjes of exfolianten als gewenst

O leef O il S oap voor BABY _ gevoelig huid

De hoge concentratie olijfolie maakt dit recept zacht en mild voor je baby huid. Het is voedzaam als Goed. Echter, de zeep kunnen behoefte langer tijd naar genezing alsde olijfolie zal ervoor zorgen dat de zeep de tijd nodig heeft om uit te harden, maar het zal het waard zijn de einde als Het zullen hoger beroep naar jouw baby's zacht En gevoelig huid.

Dit recept kan maken 12 staven, 3.6 ponden elk De Oliën

2.1 ons 5% Castor olie 6.2 ons 15% kokosnoot olie 28.7 ons normaal of doordrenkt 70% Olijf olie 4.1 ons 10% Shea Boter Voor de Loog oplossing

5.48 ons Loog 10.6 ons water

2 theelepels van Suiker toegevoegd naar de loog oplossing 1.5 theclcpcls van Zout toegevoegd naar deloog oplossing Toevoegingen

Optioneel, afhankelijk van hoe gevoelig de huid van je baby is 1,8 ounces Fragranceof essentieel olie

KLAAR _ EN L UXUEUS ZEEP R ECEPT

Elk zeep recept Dat omvat melk is bekend naar zijn super hydraterend En geeft je zeep een luxe romige toets. U kunt het water in uw loog vervangen oplossing met melk of geheel of gebruik half water En half melk wanneer oplossende loog. Jij kan Ook gebruik gepoederd melk Dat Jij toevoegen tijdens de spoor stap.

Of manieren, dit is A prachtig recept als Jij lijden van droog huid.

De oliën

2,75 ons 14% amandel olie 1 ons 5% castor olie 5.3 ons 27% olijf olie 5.3 ons 27% palmolie 5,3 ons 27% kokosolie Voor de loogoplossing 2,8 ons van loog

5.9 ons van water Aanvullend

1 ons geur olie Opmerking: Jij kan maken half de 5.9 water En half van Het melk. Als u besluit om vloeibare melk te gebruiken, voeg dan de melk toe met de loogoplossing. als jij besloten naar gebruik zwaar room in plaats van van melk, toevoegen Het met de oliën

Lavender Heem

Dit hemelse recept wordt door velen bewonderd vanwege het magische aroma. Volg de gebruikelijke koude processtappen voor het maken van zeep. Voeg de ingrediënten toe die onder "de magie aanraken" bij spoor. Laten jouw wonder zeep genezing voor 3-4 weken. Toevoegen kleurstoffen als gewenst. De mengen van patchouli langs met de oranje essence En lavendel geeft dit recept A onderscheidend aanraken Dit recept maakt over 3 ponden van lavendel
doordrenkt zeep

De oliën

10.2 ons van kokosnoot olie 10.2 ons van olijf olie 3.4 ons van zonnebloem olie

1.7 ons van cacao boter 1.7 ons van castor olie 6.8 ons van palm olie Voor de Loog oplossing

4.9 ons van loog

11.3 ons van water

De magie aanraken

2 eetlepel. van lichtgemalen lavendelknoppen 0,8 ounce etherische olie van lavendel 0,5 ons van oranje essentieel olie 0.3 ons van patchouli essentieel olie

GROEN _T EEN MET E UCALYPTUS EN L EMON GRAS _N ATURE ' S B LEND

Wat als I vertellen Jij Dat Jij kan maken gebruik van de voordelen van groente thee in jouw zeep Dus Dat jouw handen krijgen sommige van zijn voordelen te? Goed, Jij kan. Dit recept toelaat u om de magie van gebrouwen groene thee en groene theeblaadjes in uw zeep op te nemen. Volg de gebruikelijke stappen voor het maken van zeep in het koude proces. Voeg de ingrediënten met de titel toe onder "de magie aanraken" bij spoor. Laten jouw wonder zeep genezing voor 3-4 weken. Toevoegen kleurstoffen als gewenst. A licht groente kleur zou weerspiegelen En overeenkomst met de aroma van de zeep.

De oliën

11 ons van olijf olie 5.2 ons van palm pit olie 4.6 ons van soja olie
6.3 ons van kokosnoot olie 2.3 ons van cacao boter 8.4 ons palm olie

5.1 ons van zonnebloem olie 2.7 ons van castor olie Voor de loog oplossing

6.4 ons van loog

13 ons van thuis gebrouwen vers groente thee De magie aanraken

5-8 theelepels groene theeblaadjes van wat je gebrouwen hebt 1.1 ons van citroengras essentieel olie 1.1 ons van eucalyptus essentieel olie

C offee S oap R ecept

Een van de meest verbazingwekkende manieren om je ochtend te beginnen is met de geur van koffieop je handen. Zelfs als je te laat komt en je koffie niet kunt drinken, jij kan toch de dag doorkomen met dit zeeprecept. U kunt de standaard zeep recept; Echter, Jij kan vervangen de water in de loog oplossing met vers gezette koffie in plaats van puur water. U kunt de helft van de toegewezen gebruiken gewicht van water als koffie of gebruik Het geheel als koffie. Jij kan toevoegen vers grond 1-2 theelepels koffie voor elk pond zeep als krachtige exfoliant . Volgen de gebruikelijke koude processtappen voor het maken van zeep. Voeg de ingrediënten toe die onder "de magie aanraken" bij spoor. Laten jouw wonder zeep genezing voor 3-4 weken. De pepermunt olie complimenten de geur van koffie prachtig En sensueel.

De oliën

6.5 ons van kokosnoot olie 7.5 ons van olijf olie 6.5 ons van palm olie 1.3ons van castor olie De Loog Mengsel

3.1 ons van loog 8 ons water (gesplitst naar 4 ons. van water En 4 koffie ofvervanging met 8 ons van koffie De magie aanraken

1-2 theelepel van Grond Koffie 1 ons van pepermunt olie (optioneel)

GEZOND _K LASSISCH PIJN _T AR ZEEP

Pijnboom teer is een van de klassiek ingrediënten in zeep vanwege naar zijn gezondheid voordelen op dehuid zo een als vechten eczeem En ander huid voorwaarden. Pijnboom teer heeft A hout leuk vindengeur met A kleverig verschijning. Jij kan creëren A water bad voor A glas gerecht Dat bevat de pijnboom teer naar maken Het meer vloeistof. Zijn voorzichtig met gebruik makend van dit recept voor commerciële doeleinden aangezien u wettelijk verantwoordelijk wordt voor het maken van een medicijn verantwoordelijk voor medische behandeling in plaats van een cosmetisch product dat vereist veel gezondheidsregelgeving en testen om te voldoen aan de consumentenbescherming wetten.

De Oliën

8,2 ounce palmpitolie 13,5 ounce reuzel 13,5 ounce olijfolie 5,8 ons zonnebloemolie 7,1 ons pijnboomteer (toegevoegd aan de oliën) Voor de loog Mengsel 5.9 ons van Loog

15.8 ons van water (1 eetlepel. suiker toegevoegd naar Het) De Magie Aanraken

Mengen 2.5 ons van Essentieel oliën zo een als thee boom, lavendel, thee boom, eucalyptus

P AMERING Z HEA EN COCOA _ BOTER _ R ECEPT

Als je je huid wilt verzorgen met wat luxe zeep, ga dan voor de luxueus producten Dat bevatten voedzaam elementen zo een als cacao boter of shea boter. Waarom zou je dit doen als je dit thuis kunt doen en alles onder controle hebt? Dit recept toepassingen dubbele boter voor extreem voeding naar jouw huid.

Dit recept maakt ongeveer 3 kilo zeep.

De Oliën

5,4 ons karitéboter 4,5 ons reuzel 11,2 ons olijfolie 2,2 ons ricinusolie 5,8 ounce cacaoboter 15,6 ounce kokosolie Voor de loog Oplossing 6.3 ons loog

12.6 ons water Persoonlijk Aanraken

2 ons van elk geur of essentieel olie mengen gouden of licht bruin

POMPOEN _ S PIJS S OAP

Pompoen stijl zeep voor val.

Met de komst van de herfst zou dit het perfecte recept zijn om in te duiken. De verfrissend geur van pompoen kruid zullen zijn een absoluut heerlijk toevoeging naar jouwbadkamer.

De Oliën

12,8 ons kokosolie 5,1 ons zonnebloemolie 15,3 ons olijf Olie 15,3 ounce reuzel 2,5 ounce ricinusolie Voor de loogoplossing 7,2 ons van Loog

15 ons van water (Toevoegen 2 theelepel van suiker En 1.5 theelepel van zout) De Magie Aanraken

3 theelepels. van Pumpkin Pie Spice (optioneel maar heeft de voorkeur) 2 ons Pumpkin Pie geur olie (Optioneel) 2 ons van fijn gehakt ingeblikt pompoen

GOAT _ MELK _ MET GEKLEURD G NEST

Een van de meest aantrekkelijke en gemakkelijk te maken zeep is geitenmelkzeep wees wit van kleur, perfect in consistentie die is ontworpen met sprankelende glitter en kwartsstenen naar keuze. U kunt ervoor kiezen om deze zeep sprankelend te maken met blauw en violet met bruine en witte glitter om het universum of jou te maken kan maken A glinsterend zee met blauw kleurstof En gouden schitteren. Het is alle jouw keuze metdit recept.

De Oliën

1 ons ricinusolie 2,1 ons koolzaadolie 5,2 ons palmolie 6,3 onsvan kokosnoot olie 6.3 ons van olijf olie Voor de Loog Oplossing

3 ons van loog

7.2 ons van geit melk Aanvullend (Toevoegen tijdens spoor) 1 tafel lepel van schitteren vanje favoriete kleur 1 theelepel sinaasappelgeurolie 1 eetlepel van decoratief kwarts toegevoegd naar de oppervlak van de zeep

VERFRISSEND _ EN VERZACHTEND _ KOMKOMMER _ B LEND

Komkommer is bekend voor zijn natuurlijk geruststelling Effecten van de huid. Maken zeep met komkommer in plaats van water is een van de heerlijkste toevoegingen en recepten je kan het proberen. U kunt ook het gebruik van een kleurstof vermijden, aangezien deze zeep een schitterend semi-transparant groente kleur vanwege naar de komkommer.

Dit recept maakt 2 ponden van zeep

De Oliën

7 ons van Palm Olie

7.5 ons van Olijf Olie 1.5 ons van Cacao Boter 7.5 ons van Kokosnoot Olie 1.5 ons van Castor Olie Voor de Loog Oplossing

7.5 ons van volledig vloeistof komkommer, Pel van de huid 3.6 ons van loog

De Magie Aanraken

Naar verdienen groente vlekjes in jouw zeep, fijn malen/raspen komkommer met zijn Pel Dekomkommer sap zullen toevoegen A natuurlijk kleur naar dit zeep recept

Coconut MELK _ Soap

Een van de geweldige toevoegingen die je aan je zeep kunt toevoegen, is het gebruik van kokosmelk in je zeep. Het heeft hydraterende eigenschappen en verhoogt de jeugdigheid en jeugdigheid van uw huid zachtheid.

De Oliën

1 ons van castor olie 2.1 ons van koolzaad olie 5.2 ons van palm olie 6.3 ons van kokosnoot olie 6.3 ons van olijf olie Voor de Loog Oplossing 3 ons van loog

7.2 ons van kokosnoot melk

Aanvullend 1 ons van geur olie

T EEN BOOM _ EN HOUTSKOOL _ S OAP

De geweldige eigenschappen van houtskool maken deze zeep zeer gezond voor de huid. Houtskool absorbeert olie, trekt het uit de poriën en bindt zich ermee. Denk aan de reinigende eigenschappen van deze zeep. De tea tree olie mengt perfect met houtskool En is perfect voor olieachtig huid.

De Oliën

14,5 ons Olijfolie 9 ons Kokosolie 1,8 ons Tamanu -olie 9 ons van Palm Olie 1.7 ons van Castor Olie Voor de Loog Mengsel

5,1 ounce natriumhydroxideloog 10,1 ounce gedestilleerd water (15% water korting) The Magic Touch (Toegevoegd tijdens het traceren) 1,7 ounce Tea Tree etherische olie 2 eetlepels Geactiveerd Houtskool

C LIEFDE EN Een LOE

Soms is het het beste om af te wijken van het gewone en nieuwe en unieke recepten uit te proberen. Klaver is geen veelgebruikte geur in zeep, maar het is zo'n onderschatte geur een. U kunt uw zeep uniek maken met deze perfecte oliemelange en klaver en aloë geparfumeerd zeep.

De Oliën

3.2 ons van Zoet Amandel Olie 4 ons van Rijst Zemelen Olie 16 ons van CanolaOlie 0,8 ounce Castor Oil 8 ounce Palmolie 8 ounce Kokosolie Voor de Loog Mengsel 5.5 ons van Loog

13,2 ons water The Magic Touch (toegevoegd tijdens het traceren) 2,3 ons Klaver En Aloë Geur Olie Kleurstof van jouw keuze

Coconut Oil Soap (beginners recept)

Dit zeep geeft A kavel van schuim welke is erg bevredigend. Als Jij Zijn A beginner, dit zeep is nogal eenvoudig En aanlokkelijk naar poging als Het alleen maakt gebruik van olie, maken Het eenvoudigEn snel.

De Olie (Enkel olie recept) 33 ons kokosnoot olie Voor de Loog Mengsel 4.83ons van loog 12.54 ons water

Aanvullend

1.3 ons van jouw favoriet essentieel oliën

Lavender en GOAT _ MELK _ Soap

Geitenmelkzeep is een van mijn favoriete zepen om te gebruiken vanwege de perfecte consistentie en prachtige witte kleur waarmee je er alles mee kunt contrasteren, zoals lavendel bladeren of paars wervelingen in dit recept.

De Oliën

1 ons ricinusolie 2,1 ons koolzaadolie 5,2 ons palmolie 6,3 ons van kokosnoot olie 6.3 ons van olijf olie Voor de Loog Oplossing 3 ons van loog

7.2 ons van geit melk Aanvullend

0,5 theelepel van lavendel geur olie 1 eetlepel van droog lavendel bloemen

O bij Maaltijd Soap

Haver is een huidvriendelijke natuurlijke korrel, perfect voor exfoliëren en bleken. Havermout in je zeep is zo'n prachtige en luxe toets om toe te voegen aan je zeep.

De oliën

2,75 ons 14% amandel olie 1 ons 5% castor olie 5.3 ons 27% olijf olie 5.3 ons 27% palmolie 5,3 ons 27% kokosolie Voor de loogoplossing 2,8 ons van loog

5.9 ons van geit melk De Magie Aanraken

1 ons lavendel geur olie 3-4 eetlepels van haver (optioneel) Droog lavendel bloemen

Z esty L emon S oap

Sommige mensen worden gek van de geur van verse citroen. Als u een van hen bent mensen, Jij zullen genieten dit citroen geparfumeerd zeep. Bovendien, de citroen schillen in dit recept zullen toevoegen A schattig aanraken naar jouw zeep.

De oliën

7.5 ons olijf olie 6.5 ons palm olie 1.3 ons castor olie 6.5 ons kokosnootolie De Loog Mengsel 3.1 ons loog 8 ons water De Magie Aanraken 1 ons van citroengeurolie of etherische olie 1 eetlepel geraspte citroenschil (mengen melde zeep bij spoor of spuiten op bovenkant of beide)

O- BEREIK Z EST S OAP

Sommige mensen worden gek van de geur van verse sinaasappel. Als u een van hen bent mensen, u zult genieten van deze naar sinaasappel geurende zeep. Bovendien de sinaasappelschillen in dit recept zullen toevoegen A schattig aanraken naar jouw zeep.

De Oliën

7   ons palmolie 7,5 ons olijfolie 1,5 ons cacaoboter 7,5 ons van Kokosnoot Olie 1.5 ons van Castor Olie Voor de Loog Oplossing 7.5 onsvan water 3.6 ons van loog

De Magie Aanraken

1 ons Oranje geur of essentieel olie 1-2 tafel lepels van oranje animo

T EEN EN PEPERMUNT _S OAP

Als thee met pepermunt is een van jouw favoriet dingen naar hebben in de ochtend of bij nacht kunt u uw vreugde verlengen door thee en pepermuntzeep te maken, zodat u kan genieten de geur in de ochtend En bij nacht.

De oliën

11 ons van olijf olie 5.2 ons van palm pit olie 4.6 ons van soja olie

6,3 ons kokosolie 2,3 ons cacaoboter 8,4 ons palmolie 5,1 ons zonnebloemolie 2,7 ons ricinusolie Voor de loogoplossing 6,4 ons van loog

13 ons van thuis gebrouwen vers thee De magie aanraken

6 theelepel van thee bladeren van Wat Jij gebrouwen 1.1 ons van pepermunt essentieel olie

French GROEN _ Claag Soap

Je zeep naar een hoger niveau tillen, zou betekenen dat je nieuwe ingrediënten toevoegt. Franse klei is perfect voor de huid, het toevoegen aan je zeep is zo'n luxe aanraken En neemt jouw zeep maken vaardigheden naar de volgende niveau.

De Oliën

1 ons ricinusolie 2,1 ons koolzaadolie 5,2 ons palmolie 6,3 onsvan kokosnoot olie 6.3 ons van olijf olie Voor de Loog Oplossing 3 ons van loog

7.2 ons van geiten melk De Magie Aanraken

1 ounce van een aardachtige geurolie 4-8 eetlepels Franse groene klei (u kan toevoegen meer gebaseerd op Hoe veel klei Jij wil in jouw zeep)

Vanilla Soap

Vanille-fans zullen het erover eens zijn dat vanille geurende zeep geweldig is naast hun badkamer of merchandise . Je kunt geen zeep maken zonder geprobeerd de vanille geparfumeerd zeep.

De oliën

7.5 ons olijf olie 6.5 ons palm olie 1.3 ons castor olie 6.5 ons kokosnootolie De Loog Mengsel

3,1 ons loog

8 ons water

Persoonlijke toevoegingen 1 ounce vanille geurolie of etherische oliemelange Ahandvol van Roos Bloemblaadjes

ROOS _ Water Petal Soap

Rozenwater is een van de beste dingen die je op je huid kunt smeren. Het verzacht en kleurt de huid. Het zou geweldig zijn als je je zeep maakt met rozenwater in plaats van van normaal water. Jij kan toevoegen roos bloemblaadjes voor luxe.

De Oliën

6.5 ons van kokosnoot olie 7.5 ons van olijf olie 6.5 ons van palm olie 1.3 ons van castor olie De Loog Mengsel

3.1 ons van loog

8 ons Roos water De Magie Aanraken

1 theelepel van Roos essentieel olie Rood roos bloemblaadjes (als gewenst)

Z ea M ud en C edar HOUT _ S oap

Er is een perfecte persoonlijkheid en stemming voor deze soap. Het heeft alle huidvoordelen van zeemodder terwijl het ruikt naar cederhout, een combinatie die je verenigtmet Moeder Natuur.

De Oliën

20 ons van olijf olie 10 ons kokosnoot olie De Loog Mengsel

11.4 ons van water 4.2 ons van loog

De Magie Aanraken

2 eetlepels Sea Mud 1 theelepel etherische olie van cederhout 1 theelepel Rozemarijn essentieel olie

Chai Vanilla Soap

Jij kan altijd krijgen creatief met jouw toevoegingen naar zeep. In dit recept, Wij maken gebruik van de geit melk Dus Dat Jij krijgen A wit canvas naar verf op. In dit recept Wij zullen gebruik chai thee bladeren naar versieren de zeep En vanille geur naar aanvullingHet.

De Oliën

1 ons ricinusolie 2,1 ons koolzaadolie 5,2 ons palmolie 6,3 onsvan kokosnoot olie 6.3 ons van olijf olie Voor de Loog Oplossing 3 ons van loog

7.2 ons van geiten melk Aanvullend

Weinig Tassen of 2-4 tafel lepels van Chai Thee 1 theelepel van vanille essentieel olie

EEN pple C innamon W inter S oap

Dit is een van Mijn favoriet zeep omdat Het combineert appel En kaneel, zo een A prachtige combinatie. De warme mix van appel en kaneel doet me denken aan de warme appeltaart in de winter daarom noem ik dit een winterrecept. Jij kan parfumeer je zeep altijd met deze twee ingrediënten of voeg stukjes appel toe En kaneel poeder als Goed.

De Oliën

1 ons ricinusolie 2,1 ons koolzaadolie 5,2 ons palmolie 6,3 onsvan kokosnoot olie 6.3 ons van olijf olie Voor de Loog Oplossing 3 ons van loog

7.2 ons van geiten melk Aanvullend

1 eetlepel vers en fijngemalen kaneel 1 theelepel van appel geur/essentieel olie

Loofa Soap

Hoe handig zou het zijn als je zeep gegoten wordt op je badspons onmiddellijk, Dus Jij kan zojuist nat Het En gebruik Het rechts weg. Dit recept aanbiedingen JijA creatief En onderscheidend manier naar staan voor En gebruik jouw zeep.

De oliën

7.5 ons olijf olie 6.5 ons palm olie 1.3 ons castor olie 6.5 ons kokosnootolie De Loog Mengsel

3,1 ons loog

8 ons water

Persoonlijke toevoegingen 1 ons van je favoriete etherische oliemelange Een mooie zeepkleurstof naar keuze Een lange loofa (Een klassieke stijl van sponzen, kan zijn gevonden online) Opmerking: De loofa vervangt de gietvorm, Jij plak de loofa naar binnen dunplakjes En giet de zeep op Het naar creëren klein plakjes van loofa zeep.

Yogurt en Banana Flax ZAAD_Soap

Yoghurt en banaan behoren tot enkele van de meest hydraterende ingrediënten die je hebt kan gebruiken op uw huid. Dit recept combineert de yoghurt en banaan met lijnzaad zaden in A uniek En gezond mengen Dat is perfect voor jouw huid. S

De Oliën

17,6 ons olijfolie 1,6 ons ricinusolie 4,8 ons bagasse-olie 3,2 ons van cacao boter 1.6 ons van biologisch vlas zaad olie 1.6 ons van kokosnootolie 1.6 ons van Shea boter De Loog Mengsel

4.25 ons van loog

9.75 ons van water Magie Toevoegingen

1 theelepel yoghurtpoeder (toegevoegd aan de olie) 1,5 theelepel bananenpoeder (toegevoegd naar de olie) 2 ons van jouw favoriet geur olie

Lemon en Poppy Soap

Een andere creatieve mix is deze naar citroen geurende zeep die is versierd met papaver zaden. De citroen heeft antibacterieel eigenschappen Dat maakt jouw zeep zeerEn bruikbaar.

De Oliën

1 ons ricinusolie 2,1 ons koolzaadolie 5,2 ons palmolie 6,3 onsvan kokosnoot olie 6.3 ons van olijf olie Voor de Loog Oplossing 3 ons van loog

7.2 ons van geiten melk De Magie Aanraken

1 theelepel citroengeur 2 eetlepels citroenschil 1 eetlepel papaver zaden

Raspberry Soap

Een van Mijn favoriet toevoegingen En recepten is framboos zeep. De aroma En kleur van frambozen is A prachtig toevoeging naar elk zeep. Framboos Ook heeft antioxidant eigenschappen, Dat is Waarom, Jij kan toevoegen Het naar jouw zeep voor zijn voordeel.

De Oliën

1 ons ricinusolie 2,1 ons koolzaadolie 5,2 ons palmolie 6,3 ons van kokosnoot olie 6.3 ons van olijf olie Voor de Loog Oplossing 3 ons van loog

7.2 ons van geiten melk De Magie Aanraken

1 theelepel van framboos geur 2 ons van vers in blokjes gesneden frambozen

C ONCLUSIE

Het is een geweldige ervaring om nieuwe dingen te proberen. Als je Do It Yourself nog niet hebt geprobeerd zelfgemaakte zeep, het is het beste dat je deze interessante hobby nu probeert. Wij hopen dit boek is je handige gids geweest om licht te werpen op de verschillende hoeken van zelfgemaakte zeep en heeft je begeleid hoe te beginnen, hoe verder te gaan en hoe maak visueel aantrekkelijke en heerlijk ruikende stukken zeep die exfoliëren of voed je huid. Bovendien hebben we een handvol recepten gebruikt, zodat u dat kunt begin meteen met recepten van een vertrouwde bron. Wees niet bang om te krijgen creatief met nieuwe ingrediënten, kleurpatronen, design en decoraties. Zeep maken is zojuist leuk vinden koken. De mogelijkheden Zijn eindeloos. Set jouw creativiteit vrij naar ontdekken.

IK HOOP DAT JE VAN DIT BOEK GENOEMD

Printed in Poland
by Amazon Fulfillment
Poland Sp. z o.o., Wrocław